AF245091

QUELQUES

VÉRITÉS INÉDITES.

QUELQUES

VÉRITÉS INÉDITES.

PARIS,

CHEZ LÈS MARCHANDS DE NOUVEAUTÉS.

AVRIL 1815.

QUELQUES

VÉRITÉS INÉDITES.

—

Pᴌᴜsɪᴇᴜʀs hommes de lettres et jurisconsultes célèbres ont écrit sur ce qui s'est passé en France, depuis le 1ᵉʳ avril 1814; sur le retour inattendu de l'Empereur, et sur l'état actuel des choses. Je rends toute la justice qui est due à leur brillant style, aux idées justes et fortes en raisonnemens dont leurs écrits sont remplis ; mais je ne puis approuver que, dans la conjoncture actuelle, quelques-uns adressent à l'Empereur des remontrances ayant la teinte de menaces, dans le cas où il s'écarterait de la ligne qu'ils lui tracent. C'est abuser de la liberté de la presse, en ce que c'est impolitique (1). Dans des circonstances aussi critiques que celles où nous nous trouvons, il faut que le chef de la

---

(1) Quelle obligation ne lui avons-nous pas, pour nous avoir tirés des griffes du plus odieux despotisme, par l'entreprise la plus hardie dont l'histoire fasse mention !

France prenne les mesures les plus grandes et les plus promptes; et s'il était entravé par des formalités usitées dans des temps calmes et paisibles, la patrie courrait les risques d'être anéantie. Pour la sauver, il lui faut toute notre confiance. Nos intérêts sont inséparables maintenant des siens. Il ne s'agit donc que de se rallier autour de sa personne, et non pas de lui prescrire, chacun suivant ses vues, ce qu'il doit faire invariablement ou ne pas faire. Je pense aussi que les auteurs de tous les écrits de circonstances ont ignoré quelques faits, dont il n'est pas inutile que les Français soient instruits. Je tâcherai d'y suppléer un peu, car je suis bien éloigné de tout savoir. Je n'ai pas cette prétention-là; je suis, et j'ai toujours été militaire. Je n'ai pas eu le temps de beaucoup lire et d'écrire, mais j'ai assez de science pour émettre mes idées, et pour raconter quelques faits venus à ma connaissance.

L'armée, l'opinion de la nation et la conduite des Bourbons ont déplacé leur chef, et lui ont fermé pour toujours, ainsi qu'à sa famille, l'entrée de la France.

M. le comte de Lille avait été nommé roi de France, et installé, sous le nom de Louis XVIII, par les puissances étrangères, c'est-à-dire, par la force ; mais il n'avait point eu l'assentiment de la nation : il n'avait été ni sacré ni couronné. Dans cet état de choses, l'hérédité était illusoire, et ses prétentions ne pouvaient et ne devaient être fondées que sur la volonté nationale librement exprimée. Ces formalités, ces actes indispensables n'ont pas eu lieu. Il se retrouve donc dans la position où il a toujours été. Il est seulement venu visiter la France, qu'il a quittée, de son plein gré, le 20 juin 1791. (1)

Cependant, vu la position malheureuse dans laquelle nous étions plongés, le territoire français étant infesté par six cent mille soldats ennemis ; vu l'abdication de l'Empereur, dont la mort était regardée comme certaine, soit pendant son voyage à l'île d'Elbe, soit après y avoir débarqué, les Français, impatiens d'être débarrassés d'hôtes dont le séjour les humiliait, leur était incommode et les ruinait, accueillirent avec enthousiasme une famille qui leur apportait la paix, et leur faisait présager des jours sereins après une violente tempête.

_____

(1) Cette fois-ci, il n'est pas parti les mains vides, et il peut se passer d'être à la charge des puissances de l'Europe, l'une après l'autre.

Le comte de Lille fut reçu aux acclamations universelles. Son frère, le comte d'Artois, qui l'avait précédé, avait étourdiment et sans réflexion promis l'abolition des droits réunis et de la conscription. Il avait, maladroitement et impolitiquement, ordonné le licenciement de l'armée, et la remise, aux ennemis, des places fortes. Malgré ces fautes graves, la multitude, qui ne réfléchit pas, était en admiration devant un prince dont la popularité peu décente et les dehors religieux la séduisaient ; mais tous les hommes sensés, et principalement ceux qui avaient connu la cour avant 1789, étaient scandalisés de toutes ces fausses démonstrations, et gémissaient sur toutes ces opérations émanées de l'ineptie et de la démence.

A l'exception de ceux qui avaient été témoins de la ridicule réclusion de Beaumarchais à Saint-Lazarre, de la très-longue et très-injuste incarcération de M. de Balbi, et de l'exécution de M. de Favras, tout le monde vit, avec l'ivresse de la joie, M. le comte de Lille prendre les rênes du Gouvernement. Son érudition, sa réputation d'être philosophe, ses malheurs, son accueil gracieux, son organe agréable, lui avaient gagné l'attachement de ceux qui l'avaient abordé. Sa charte constitutionnelle renfermait quelques idées libérales (1). La force ne l'ayant point dictée, et étant émanée de sa volonté unique, chacun crut en sûreté sa personne, sa vie et son état. Quoiqu'elle n'eût point été soumise à l'acceptation de la nation, on la reçut, on s'en contenta, et on espéra le bonheur. Mais cet espoir ne fut pas de longue durée. Il ne se passa bientôt plus un seul jour sans que les ministres ne portassent atteinte à cette charte méconnue par eux, et désavouée par les princes. La liberté d'écrire fut proscrite; la majeure partie des préfets, magistrats et fonctionnaires publics destitués; cent vingt généraux renvoyés le 1.er janvier dernier (2), et remplacés par des vues économiques, par quatre cents autres créés depuis six mois, et choisis dans ce qu'on appelait les émigrés purs. Trente à quarante de ces mêmes émigrés, placés dans tous les grades

____

(1) Ces idées libérales étaient en grande minorité; elles servaient à faire adopter tous les articles qui asservissaient la nation, et lui donnaient les chaînes les plus avilissantes.

(2) Dans moins de deux ans, il n'y aurait plus eu en place un seul des généraux qui avaient servi sous l'Empereur.

d'officiers avec solde entière, à la suite de chaque régiment (1), et destinés à remplacer tous les officiers titulaires dont le renvoi était décidé pour l'époque où les remplaçans auraient acquis quelques connaissances dans leur métier. Plus d'avancement à espérer pour les sous-officiers et soldats; tous les emplois et toutes les nominations dans les écoles militaires réservées pour la noblesse des Bourbons; même plan pour les dignités ecclésiastiques et pour la magistrature; la Légion-d'Honneur prostituée, avilie; le vol, le viol et l'assassinat anoblis; le très-prochain rétablissement de la dîme, des droits seigneuriaux, des Jésuites, et de tous les anciens ordres monastiques; la remise pure et simple des biens nationaux, à ceux qui en étaient propriétaires avant 1791; l'exigeance par les curés de Paris, des billets de confession, pour la distribution des aumônes aux familles indigentes; enfin le régime féodal, la monarchie absolue, et la théocratie rétablis avant deux ans, tels qu'ils existaient il y a quatre cents ans. Ceux des Français non émigrés, qui n'ont pas été frappés des vérités

---

(1) Tandis qu'on avait exilé avec la demi-solde tous ceux qui étaient an-delà du complet.

dont je viens de faire le tableau, avaient bien peu de perspicacité, et leur aveuglement était total s'ils n'ont pas vu que le conseil secret du comte de Lille, ou celui du comte d'Artois avait résolu la destruction de tous les hommes qui avaient pris une part quelconque à la révolution, et de tous ceux qui, depuis 1791, avaient rempli des fonctions civiles, administratives ou militaires. Chez quelques-uns, l'amour-propre, et la faveur simulée dont ils croyaient jouir leur ont fasciné les yeux, et leur ont fait croire qu'ils seraient exceptés de la proscription. Erreur qui tôt ou tard leur aurait été fatale. Ils se sont rangés dans le parti d'une cour qui les méprisait, mais qui se servait d'eux parce qu'elle en avait encore besoin. Elle les aurait bientôt fait rentrer dans le néant. On ne peut douter qu'il y aurait eu bientôt en France une révolution bien plus terrible que celle de 1789, parce qu'à cette époque-là, le principal mobile était l'argent du duc d'Orléans, et celui de l'Angleterre; au lieu qu'à présent l'indignation aurait soulevé l'armée et tout le peuple, contre la cour et contre la noblesse : l'incendie aurait été universel. Voilà quel aurait été le résultat de la conduite de la famille des Bourbons, et de ses ineptes et rapaces courtisans ; de cette famille à qui l'art de gouverner était étranger ; pour qui la gloire, la prospérité de la France, et la considération de l'Europe étaient sans intérêt ; qui, pourvu que tous les préjugés possibles fussent établis, se serait contentée du royaume de l'île de France, et qui, pour contenir la nation française, dont elle redoutait le caractère libéral et belliqueux, fournissait la solde et l'entretien de soixante mille Anglais, Hanovriens, Hollandais et Belges, stationnés sans motifs plausibles dans les Pays-Bas. Les ressources de la France n'auraient pas suffi pour subvenir à la moitié des dépenses que faisait cette cour spoliatrice. Aussi, tous les travaux publics, tous les embellissemens étaient-ils suspendus pour toujours. Les pensions quelconques ne devaient être payées qu'à ceux qui avaient émigré, et à ceux de ces émigrés qui n'avaient occupé aucune place depuis 1791 ; le recrutement, la remonte de la cavalerie, l'entretien des places fortes, la fabrication des armes, tout le matériel de l'armée, étaient abandonnés aux soins de la providence. De quel déluge de malheurs la France n'était-elle pas menacée sous un Gouvernement aussi inerte, et dont les ressorts, quoique neufs, ne pouvaient durer long-temps , parce que la matière en était essentiellement défectueuse! Ce qui suit va le démontrer.

Louis XVI défendait qu'on émigrât : il sentait bien qu'abandonné de toute la noblesse, des parlemens, du haut-clergé, des chefs militaires et dès officiers, il succomberait sous la faction d'Orléans. Tout le tiers-état et beaucoup de membres de la haute noblesse avaient adopté le nouveau système de gouvernement, qui convenait déjà à la nation française. La révolution, pendant les trois premières années, avait séduit la très-grande majorité des Français. Je renvoie le lecteur aux écrits qui ont été publiés sur cet événement mémorable et sans exemple.

Monsieur, ne doutant point que l'isolement dans lequel se trouverait Louis XVI le livrerait sans défense à ses ennemis, stimulait, ordonnait l'émigration. Son but était de réunir en pays étranger, autour de lui, tous les premiers corps de l'état, de se faire proclamer par eux roi de France, et de venir prendre possession du trône par le secours des puissances étrangères. Tous ses projets ont échoué.

A cette dernière époque-ci, M. le comte de Lille a dû être instruit pendant son séjour aux Tuileries, que son frère et ses neveux travaillaient à lui jouer le tour qu'il avait voulu jouer à Louis XVI. Enfin ils sont parvenus à le faire renverser; mais, heureusement, ils n'ont pas pu profiter de leurs machinations.

Louis XVIII se regardait bien comme roi de France; il signait en cette qualité, et sans en prendre connaissance, toutes les ordonnances qui étaient présentées à sa signature : tant était grande sa confiance dans ses ministres. Mais sa judiciaire ne lui a pas permis de s'apercevoir que tous les actes qu'il revêtait de son approbation, émanaient du conseil secret des princes. Ce conseil voulait exaspérer la nation contre lui, causer des soulèvemens dans toute la France, et le faire déclarer incapable de régner. M. le comte d'Artois se flattait de l'espoir qu'il serait élu à l'unanimité, aussitôt qu'il se mettrait en avant.

Pendant ce temps-là, M. le duc d'Orléans se formait un parti considérable. Tout ce qui avait pris, d'une manière quelconque, part à la révolution, se ralliait autour de lui; et il est probable que, dans le cas où Louis XVIII serait mort, ou aurait été déposé, son parti l'aurait emporté sur celui des Bourbons. Il aurait offert, au moins, à la nation, une espèce de garantie de ses opinions et de sa conduite future, par le rôle qu'il avait joué dans la ré-volution jusqu'en avril 1793. Les Bourbons n'offraient que la perspective d'une série de malheurs.

Mais quelque direction qu'eussent prise les choses, il n'en est pas moins certain que la France était destinée à être agitée par de nou-velles et terribles convulsions, et qu'il est in-dubitable que les puissances étrangères se-raient encore venues souiller son territoire. Il s'en serait vraisemblablement suivi un démem-brement; mais le génie et l'audace de l'Empe-reur, sa confiance dans l'armée et dans la na-tion, ont en vingt jours changé totalement l'état de la France, et détruit toutes nos craintes bien fondées. Nous n'avons plus de troubles, plus de proscriptions, plus de guerre civile à redouter : la liberté de conscience, la conservation de leurs propriétés aux acqué-reurs de biens nationaux, sont assurées; la dette nationale se paie; les ordres monastiques ne seront point rétablis, la dîme ne pèsera point sur les habitans des campagnes; les en-fans de tous les citoyens, indistinctement, sont susceptibles d'être élevés dans les pensions et écoles militaires impériales, polytechniques, lycées, et de parvenir à tous les emplois. Enfin, sous notre régime impérial, nous jouissons de tous les droits et avantages qui n'existent ordinairement que dans une république démocratique.

J'ai dépeint d'abord tous les fléaux dont le retour de l'Empereur nous délivre, et ensuite tous les bienfaits que son règne répand sur nous, et nous assure pour l'avenir. Si la France est attaquée, les quarante-neuf cinquantièmes ont le plus grand intérêt à prendre les armes. La cause de l'Empereur est liée à celle de la nation. Des bras et des armes, son génie fera le reste.

Paris, ce 16 avril 1815.

Le Maréchal-de-camp,

D.

De l'Imprimerie d'A. EGRON, rue des Noyers, n.º 37.